Nordrhein-Westfälische Akademie der Wissenschaften

Natur-, Ingenieur- und Wirtschaftswissenschaften Vorträge · N 433

Herausgegeben von der
Nordrhein-Westfälischen Akademie der Wissenschaften

KLAUS KNIZIA

Schöpferische Zerstörung = zerstörte Schöpfung? Die Industriegesellschaft und die Diskussion der Energiefrage

Westdeutscher Verlag

Öffentliche Akademie-Vortragsveranstaltung
am 29. Oktober 1997 in Düsseldorf

Die Deutsche Bibliothek – CIP-Einheitsaufnahme

Knizia, Klaus:
Schöpferische Zerstörung = zerstörte Schöpfung?:
die Industriegesellschaft und die Diskussion der Energiefrage;
[öffentliche Akademie-Vortragsveranstaltung am 29. Oktober 1997
in Düsseldorf] / Klaus Knizia. – Opladen: Westdt. Verl., 1998
(Vorträge / Nordrhein-Westfälische Akademie der Wissenschaften:
Natur-, Ingenieur- und Wirtschaftswissenschaften; N 433)
ISBN 978-3-531-08433-6 ISBN 978-3-322-90078-4 (eBook)
DOI 10.1007/978-3-322-90078-4

Der Westdeutsche Verlag ist ein Unternehmen der Bertelsmann Fachinformation GmbH.

Gedruckt auf säurefreiem Papier.
Herstellung: Westdeutscher Verlag

ISSN 0944-8799
ISBN 978-3-531-08433-6

Inhalt

Der Vortrag soll aus dem Blickwinkel des Energiewissenschaftlers die Bedeutung der Energie im Handeln des Menschen aufzeigen, die Bedeutung, die sie im Zeichen der Globalisierung für die günstigste Einbindung einer Volkswirtschaft in die Weltwirtschaft und damit beispielsweise auch für die Sicherung von Arbeitsplätzen bei uns hat, für die Beschaffung von Rohstoffen, für die Versorgung mit Gütern und Dienstleistungen, wie auch für den Schutz der Umwelt und die humane Begrenzung des Wachstums der Weltbevölkerung.

In diesem Zusammenhang wird Nachhaltigkeit menschlichen Handelns verlangt und darunter ein Handeln verstanden, das das Biotop Erde langfristig intakt hält. Ein ökologischer Umbau der Wirtschaft sei dazu erforderlich, heißt es. Da dieser Umbau unsere Wirtschafts- und Gesellschaftsordnung wesentlich beeinflussen würde, muß jedoch auch ein Blick darauf verwandt werden, ob die dazu angebotenen Vorschläge ausreichend begründet sind, ob sie nicht geradezu das Gegenteil des Gewünschten bewirken, wie ich beweisen werde.

Einer der herausragenden Nationalökonomen dieses Jahrhunderts, Joseph Alois Schumpeter, veröffentlichte 1942 sein wohl bedeutendstes Werk *Kapitalismus, Sozialismus und Demokratie.* Das siebte Kapitel dieses Buches trägt die Überschrift: *Der Prozeß der schöpferischen Zerstörung.* Dieses Kapitel sollte das Wesen des Kapitalismus erläutern, der seinen Antrieb von fortwährender Erneuerung bezöge, die die kapitalistische Wirtschaft schaffe, von neuen Konsumgütern, neuen Produktions- oder Transportmethoden, von neuen Formen der industriellen Organisation und von neuen Märkten. Das revolutioniere immerzu die Wirtschaftsstruktur von innen heraus, zerstöre unaufhörlich die alte Struktur und schaffe fortwährend eine neue. Und er stellte fest: „Dieser Prozeß der ‚schöpferischen Zerstörung‘ ist das für den Kapitalismus wesentliche Faktum.“ Die von Schumpeter so bezeichnete ‚kapitalistische Maschine‘ wird, so möchte ich ergänzen, von Energie angetrieben, wie jede andere Maschine auch. Die jüngste Geschichte lehrt uns zudem, daß diese ‚kapitalistische Maschine‘, daß der Kapitalismus, trotz beklagter und beklagenswerter Mängel, im Vergleich zu anderen die geeignetste Form eines

Wirtschaftssystems darstellt, wenn auch nicht in der Ideologie, so doch in der Wirklichkeit.

Der Wettbewerb um ‚freie Energie'

Es ist jedoch nicht nur der Kapitalismus, sondern allgemein alles Handeln des Menschen, jeder Aufbau oder Erhalt von Ordnungen von dieser ‚schöpferischen Zerstörung' geprägt, wie auch in der Natur unaufhörlich alte Strukturen zerstört und neue geschaffen werden in ihrem ewigen ‚stirb und werde'. Alle Vorgänge sind dabei an Umsetzungen von Energie gebunden.

Nach heutiger Erkenntnis nehmen wir an, oder sollte ich sagen, befürchten wir, daß durch die weltweite Bevölkerungsentwicklung in den nächsten dreißig Jahren mehr an fossilen Energien und mehr an Nahrungsmitteln verbraucht werden wird, als die Menschheit bisher insgesamt in ihrer nachvollziehbaren Geschichte verbraucht hat. Wir werden diesen Verbrauch aus unserer heutigen Wohlstandsgesellschaft heraus wohl kaum durch Maßhalteappelle an ärmere andere Völker vermindern können, wir könnten dagegen aber mit unserem Potential dazu beitragen, die aus der erwarteten Entwicklung entstehenden Aufgaben im Sinne der Nachhaltigkeit zu lösen.

Von Wilhelm Ostwald, dem Philosophen und Nobelpreisträger für Chemie, stammt der Satz, alles Leben sei ein Wettbewerb um freie Energie, deren verfügbare Menge begrenzt sei. Wohlgemerkt alles Leben, in der Natur wie in den menschlichen Ordnungen. Zudem sei alles Geschehen ein ‚Sich-ändern'. Damit aber etwas geschähe, seien Energieumwandlungen mit zwangsläufiger Entwertung der freien Energie erforderlich. ‚Freie Energie' ist die Energie, mit der etwas bewirkt werden, durch die etwas geschehen kann. Wir bezeichnen sie auch als Nutzenergie oder technische Arbeit. Ihre Bedeutung für alles Leben macht es ‚notwendig', die Energieversorgung langfristig zu sichern. Deshalb gilt:

(1.) Es ist nicht nach den Grenzen des Wachstums zu suchen, sondern das notwendige Ausweiten der Grenzen zu ermöglichen.

Mit dem Hinweis auf die zwangsläufige Entwertung der Nutzenergie findet sich eine Analogie zur Schumpeterschen Definition des Kapitalismus, der doch seinen Antrieb von fortwährender Erneuerung bezöge und unaufhörlich alte Strukturen zerstöre.

Alles Geschehen, fand Ostwald also, sei ein fortwährendes ‚Sich-ändern', und so ist auch die Wirklichkeit menschlichen Handelns in ein Umfeld eingebunden, das sich fortwährend ändert. Dabei werden unsere Handlungen bestimmt von drei Gegebenheiten.

Erstens von den uns verfügbaren Produktionsfaktoren als den Instrumenten unserer Handlungsmöglichkeiten.

Zweitens von einer in der Natur objektiv bestehenden Wertsetzung und drittens von einer neben anderen Wertsetzungen aus dem Wesen des Menschen entspringenden subjektiven Wertsetzung für seine Versorgung mit Gütern und Dienstleistungen.

Alle drei bilden gemeinsam, so meine ich, die Ordnung jeder Gesellschaft in bezug auf die Energiefrage hinreichend genau ab, auch die der Industriegesellschaft.

Die Veränderung der Produktionsfaktoren des Adam Smith

Am Anfang dieser Industriegesellschaft steht die Begründung der Nationalökonomie durch Adam Smith vor etwa 250 Jahren. Smith erkannte, daß alle Produktion ein Äquivalent von Arbeit verkörpert, und daß Arbeitsteilung die Produktivität, der Ingenieur würde sagen, den Nutzungsgrad der Energie, steigert. Die Arbeitsteilung und die damit verbundene höhere Produktivität verlangen jedoch größere Märkte und liberale Wirtschaftssysteme und sie erzeugen Wettbewerb, jenes „großartigste und genialste Entmachtungsinstrument der Geschichte" (Franz Böhm).

Smiths energetisches Weltbild mußte noch geprägt sein von den regenerativen Energien Wind, Wasser, Holz, menschlicher und tierischer Arbeitsfähigkeit. Er konnte nicht ahnen, welche fundamentalen Veränderungen wenige Jahrzehnte nach seinem Tod durch das rasche Aufkommen der durch James Watt in ihrer Wirtschaftlichkeit und Anwendungsmöglichkeit entscheidend verbesserten Dampfmaschine eintreten sollten. Er konnte deshalb auch nicht erkennen, daß dem Menschen Nutzenergie aus diesen Anlagen in einem seine körperliche Arbeitsfähigkeit weit übersteigenden Maß verfügbar werden würde. In Deutschland ist das heute je Arbeiterstunde etwa das 400fache der körperlichen Arbeitsfähigkeit des Menschen allein an Elektroenergie. Mehr als ein Viertel davon wird bei uns heute übrigens durch die Kernenergie und damit kohlendioxidfrei gespeist und jedes Brötchen ist mit Strom gebacken, jedes Auto mit Strom produziert, der durchschnittlich zu einem Drittel aus Kernkraftwerken stammt. Durch dieses große Maß an verfügbarer technischer Arbeit trat eine deutliche Verbesserung der Lebensumstände, aber auch eine wesentliche Veränderung des Inhalts der Produktionsfaktoren ein, jener Instrumente unserer Handlungsmöglichkeiten.

Aus der früher den Menschen abgeforderten überwiegenden körperlichen Arbeit, dem Schuften, wurde so, durch dieses große Maß an Nutzenergie aus technischen Anlagen gefördert, eine Informationen sammelnde und Fertigkeiten erwerbende und einsetzende, also eine planendc, überwachende, steuernde und organisierende Tätigkeit, die diese Nutzenergie aus technischen Anlagen zweckvoll einzusetzen lernte. Solche Tätigkeiten nennen wir *kreativ. Kreativität,* nicht körperliche Arbeit, bestimmt mehr und mehr den Beitrag des Menschen zur Erzeugung von Gütern und Dienstleistungen. Sie wird im heraufziehenden Kommunikationszeitalter der entscheidende Produktionsfaktor sein. Kreativität läßt sich mit dem deutschen Wort *Gestaltungsfähigkeit* übersetzen. Damit bietet sich für durch Gestaltungsfähigkeit zweckvoll eingesetzte Nutzenergie der Ausdruck *Gestaltungsenergie* an. Unter dem Produktionsfaktor Arbeit verstehen wir somit heute die *während* einer Produktion aufzubringende Gestaltungsenergie.

Smith erkannte auch, daß die Arbeitsteilung den vorherigen Einsatz eines weiteren Produktionsfaktors, des Kapitals, zur Schaffung der Produktionsmittel erfordert. Dieser zweite Produktionsfaktor, Kapital, ist nach Walter Eucken vorgetane Arbeit, also zweckvoll aufgewandte Nutzenergie, aber im Gegensatz zu Arbeit *vorab* zweckvoll eingesetzte Nutzenergie. Damit gilt:

(2.) Gestaltungsenergie ist durch Gestaltungsfähigkeit zweckvoll eingesetzte Nutzenergie. Sie ist für jede Produktion zweifach aufzuwenden, nämlich vorher als Kapital und während jeder Produktion als Arbeit.

Arbeit und Kapital erweisen sich heute, denken wir an Belegschaftsaktien und Mitbestimmung, als die beiden Seiten einer Medaille. An ihrer Stelle stehen nunmehr die Produktionsfaktoren Kreativität und Nutzenergie als Gestaltungsenergie nebeneinander. Gestaltungsenergie ist erforderlich, um die Erträge des dritten Produktionsfaktors, des Bodens, nutzen zu können. Boden, allgemein Rohstoff, ist jede durch Gestaltungsenergie für eine Produktion geeignete Materie. Gestaltungsenergie vermag aber auch die Palette von Rohstoffen, über die wir verfügen können, wesentlich zu erweitern, wie es etwa bei der Einführung des Aluminiums und der dadurch möglichen Streckung der Kupfervorräte oder bei der Ammoniaksynthese zur Bekämpfung des Hungers geschehen ist, wie es zur Zeit bei der Einführung des Siliziums in der Informationstechnik geschieht oder bei der Herstellung des in der medizinischen Diagnostik bedeutsamen künstlichen Elements Technetium, das als Spaltprodukt von Uran 235 in Kernreaktoren entsteht.

Aus den drei Produktionsfaktoren Arbeit, Kapital und Boden sind somit durch die Energietechnik *Kreativität, Nutzenergie und Rohstoff* geworden, wobei Kreativität und Nutzenergie, zweckvoll eingesetzt, als Gestaltungsenergie vor und während jeder Produktion wirken.

Die manchmal zu hörende Formel, Energie müsse durch den Einsatz von Kapital gespart werden, meint dann doch, es müßten unter Einsatz von *vorab* aufgewandter Gestaltungsenergie, von Kapital also, Produktionsumwege eingeschlagen werden, um Anlagen, Einrichtungen und Maschinen zu schaffen und Entwicklungen zu betreiben, die den Aufwand von Gestaltungsenergie *während* der Produktion vermindern und dadurch zu einem besseren Ertrag aus der insgesamt eingesetzten Energie führen. Nach Böhm-Bawerk kann Kapital, das der Schaffung von Produktionsmitteln für diese Produktionsumwege dient, auch als ein Tausch gegenwärtiger gegen zukünftige Güter angesehen werden oder, nach unserer Definition, als ein Tausch gegenwärtig eingesetzter Gestaltungsenergie gegen zukünftige Energieersparnis. Durch das *Vorher* und *Während* kommt auch die Zeit ins Blickfeld, deshalb müßte noch das Adverb ‚rechtzeitig' ergänzt werden.

Jede Produktion entsteht also aus zeitlich getrenntem Aufwand an Gestaltungsenergie. In der Kostenrechnung teilt sich dieser Aufwand vereinfacht dargestellt auf in die fixen Kosten, die aus dem Kapitaldienst für die vorab eingesetzte Gestaltungsenergie anfallen – auch dann, wenn der Betrieb nicht produziert –, und in die variablen Kosten für die laufende Produktion. Die fixen Kosten entstehen aus dem Aufwand bei den Vorlieferanten und teilen sich bei denen auch wieder auf in fixe und variable Kosten usw. In der schrittweisen Rückverfolgung dieses Weges hängt schließlich jede Produktion von Gütern und Dienstleistungen allein von dem Aufwand an Gestaltungsenergie ab. Daraus folgt:

(3.) Eine wirtschaftlich ungünstigere Lösung verbraucht mehr an Energie und Rohstoffen als eine wirtschaftlich günstigere.

Alle Rohstoffe, die für den Strom von Gütern erforderlich sind, und damit auch alle Energierohstoffe, seien es fossile Energien wie Kohle, Öl und Erdgas, seien es die Kernenergie, Wind, Sonne oder Wasser, stehen kostenfrei in der Natur zur Verfügung. Immer muß jedoch Gestaltungsenergie aufgewandt werden, sie zu sammeln oder zu fördern und sie nutzbar zu machen, sei es durch das Einrichten von Bergwerken, Bohrinseln oder Windrädern. Da mit der Zunahme des Aufwandes bei der Gewinnung der knapper werdenden Rohstoffe und wegen größerer Vielfalt und Komplexität der Produkte die einzuschlagenden Produktionsumwege und damit die vorab zu investierende Gestaltungsenergie wachsen, steigt die Bedeutung des Kapitals und andererseits der Schaden für eine Volkswirtschaft durch Kapitalflucht oder ideologisch bedingten Kapitalverschleiß wie sachlich nicht zu begründende Verzögerungen von Genehmigungsverfahren.

Diejenigen, die Gestaltungsenergie zur Wirkung bringen, seien es Arbeiter, Angestellte, Unternehmer oder Kapitalgeber, werden dafür selbst auch immer mit Gestaltungsenergie aus dem für die letzte Verwendung verfügbaren Strom von Gütern, dem Bruttosozialprodukt, entgolten. Mit sinkendem Anteil ihrer körperlichen Arbeit ist das immer mehr ein Entgelt für Kreativität. Dieses Entgelt entspricht der Wertschöpfung. Seit dem Beginn der Industrialisierung nimmt der Betrag an Gestaltungsenergie, der den Einzelnen als Entgelt zur Verfügung steht, ständig zu. Ihr Lebensstandard steigt. Demzufolge verbrauchen sie ihr Einkommen immer weniger zum direkten Lebensunterhalt, sondern treten einen Teil ihres Anspruchs an andere ab. In Anlehnung an den Begriff des Produktionsumweges könnte man von wachsenden Verbrauchsumwegen sprechen. Diese ermöglichen wesentlich die Dienstleistungsgesellschaft. Damit folgt:

(4.) Es geht in der Wirtschaft immer darum, eine rechtzeitige und ausreichende Verfügung über Gestaltungsenergie sicherzustellen.

Wenn auch das Wachstum der Wirtschaft aus Gründen der Verknappung einiger Rohstoffe und des Anwachsens der Stoffströme in der bisherigen Weise nicht über lange Zeit exponentiell weitergehen kann, so könnte Gestaltungsenergie jedoch unbegrenzt verfügbar sein, wenn der Ausbildung von Kreativität die erforderliche Beachtung zukäme und wenn zu den herkömmlichen Energien in den Industriestaaten die Kernenergie verstärkt eingesetzt würde. Kernenergie ist zweifach wesentlich, nämlich für die Rohstoff- und Energieversorgung *und* für den Umweltschutz. Sie vermöchte nicht nur die mengenmäßig begrenzt verfügbaren fossilen Energierohstoffe zu entlasten, sondern auch, denken wir an Verteilungskriege wie den Kuweitkrieg, zur Sicherung des Friedens beizutragen. Sie vermöchte aber andererseits auch dem Umweltschutz zu dienen, weil die Stoffströme und nicht die Energieströme die Umwelt schädigen, auch die bei der Energieumwandlung entstehenden. Sie könnte entlasten nach der Devise: bei gleicher Produktpalette mehr Energieaufwand zu treiben, dafür aber geringere Stoffströme zu bewirken. Das führt zu der Aussage:

(5.) Bei Entlastung der Energieversorgung und der Stoffströme durch die Kernenergie muß das Bruttosozialprodukt nicht vom Energieverbrauch, sondern von den Stoffströmen entkoppelt werden.

Gelingt das, dann kann das Wachstum des Bruttosozialprodukts auch bei weiter steigendem Energieverbrauch nicht hoch genug sein, um sowohl den Wohlstand in den Industrieländern zu bewahren, als auch die Lebensumstände in den Entwicklungsländern zu bessern und beides bei ausreichenden Aufwendungen für den Schutz des Biotops Erde, denn über eine bessere Versorgung mit Gütern und Dienstleistungen wird sich die Weltbevölkerung eher, d. h. bei einer geringeren Zahl gleichzeitig lebender Menschen stabilisieren lassen und dadurch weniger künstliche Eingriffe in die Biosphäre erfordern, weniger Kraftwerke, weniger Düngemittel, weniger Verkehr. Heute bestreiten weltweit die fossilen Energien zu mehr als 90% die Energieversorgung. Kernenergie und insbesondere noch in Asien und Südamerika vorhandenes großes Wasserkraftpotential könnten diesen Prozentsatz in wenigen Jahren erheblich senken.

Die Nichtumkehrbarkeit allen Geschehens und die objektive Wertsetzung

Wenden wir uns nun der anfänglich genannten zweiten Gegebenheit zu, der durch die Natur festgelegten Begrenzung unserer Handlungsmöglichkeiten und der daraus folgenden *objektiven* Wertsetzung. Zwei Generationen nach Adam Smith und James Watt wurden die beiden Hauptsätze der Thermodynamik durch Julius Robert Mayer und Rudolf Clausius entdeckt. Beide Hauptsätze reichen weit in den Bereich von Wissenschaft und Technik, von Wirtschaft und Philosophie. Man hat sie deshalb auch als die beiden einzigen Artikel der Verfassung des Universums bezeichnet. Alle anderen Gesetze in der Natur oder des positiven Rechts seien nur als zugehörige Ausführungsbestimmungen zu betrachten. In Analogie zu dem Bismarckwort, wonach Diplomatie die Kunst des Möglichen ist, wird die Thermodynamik ihretwegen auch als die Wissenschaft des Möglichen bezeichnet. Der Physiker Arnold Sommerfeld bezog sich bei der Erläuterung der beiden Hauptsätze der Thermodynamik immer auf ein Zitat, das er aus seiner Studentenzeit in der Erinnerung behalten habe. Danach gäbe in der Fabrik der Naturprozesse der erste Hauptsatz den Buchhalter ab, der Soll und Haben ins Gleichgewicht brächte, während der zweite Hauptsatz die Rolle des Direktors ausfülle, der Art und Ablauf des Geschäftsganges bestimme. Eine solche entscheidende Rolle kommt den beiden Hauptsätzen nicht nur in der Fabrik der Naturprozesse, sondern auch in jeder Handlung des Menschen und damit auch in der Wirtschaft zu.

Während der erste Hauptsatz das uns allen bekannte Perpetuum mobile erster Art ausschließt, schließt der zweite das weniger bekannte Perpetuum mobile zweiter Art aus. Nach ihm ist nichts vollständig wieder umkehrbar. Die in einem abgeschlossenen System vorhandene Energie bleibt nach dem ersten Hauptsatz zwar erhalten, aber mit jeder Umwandlung sinkt nach dem zweiten Hauptsatz durch das ‚Sich-ändern' ihre Fähigkeit, etwas zu bewirken, und zwar so lange, bis alle Intensitätsunterschiede ausgeglichen sind und nichts mehr geht. Jeder Aufbau und Erhalt von Ordnungen, sei es in der Natur oder im Handeln des Menschen, unterliegt diesem Prinzip, da durch Erweiterung der Bilanzhülle jedes System, jede Ordnung, als abgeschlossenes System dargestellt werden kann. Das ergibt nach Ostwald die erste, wie ich meine, die objektive Quelle des Wertbegriffs. Auch in ethischer Sicht! Denn das Nicht-wieder-rückgängig-machen-können, das der Satz ausdrückt, und damit auch das Nicht-wieder-gutmachen-können setzen auch ethische Werte. Durch diese Nichtumkehrbarkeit kommt ein zeitlicher Richtungspfeil (Eddington) in alles Geschehen. Ostwald nannte diesen zweiten Hauptsatz das *Gesetz des Geschehens*. Für unsere Betrachtung können wir dieses Gesetz des Geschehens mit Begriffen der Wirtschaft auf die Formel bringen:

(6.) Die Natur gibt keinen Kredit, sie verlangt immer Vorauszahlung in der Münze Energie und dazu noch mit einem Aufgeld!

Die Bemerkung von der Vorauszahlung deutet auf den Richtungscharakter hin, auf die Nichtumkehrbarkeit, und die Höhe des Aufgeldes bestimmt sich aus der naturgegebenen und damit vom Menschen nicht aufhebbaren Unvollkommenheit aller Vorgänge, der Differenz zwischen dem Wünschbaren und dem Möglichen, zwischen Utopie und Wirklichkeit. Der Begriff der Entropie hilft, über den Vergleich von Entropiezunahmen eine Bewertung durchzuführen. Entropiezunahmen rückgängig zu machen, wenn das auch nur unvollkommen möglich ist, dazu bedarf es der Gestaltungsenergie. Diese Fähigkeit der Gestaltungsenergie bezeichnet der Thermodynamiker auch als Negentropie oder Ektropie. Daraus folgt:

(7.) Utopien sind allgemein daran zu erkennen, daß sie den zweiten Hauptsatz der Thermodynamik außer acht lassen. Sie setzen voraus, daß es irgendwie etwas umsonst gibt, in der Energieversorgung etwa ein Stromeinspeisegesetz, für das andere zahlen müssen.

Der zweite Hauptsatz der Thermodynamik ermöglicht uns auch Einsicht darüber, wieweit das Bruttosozialprodukt überhaupt vom Energieverbrauch abzukoppeln ist. Da er Vollkommenheit entsprechend dem genannten Aufgeld ausschließt, ist die Abkoppelung nur einem Grenzwert anzunähern. Kapital und Arbeit als *vorab* und *während* der Produktion aufgewandte Gestaltungsenergie sind beide mit diesem Aufgeld belastet. Bei beiden wird Nutzenergie immer nur unvollkommen aus Primärenergie zu gewinnen sein. Mit jeder unter vergleichbaren Bedingungen erzielten Steigerung der Wirtschaftlichkeit nähert sich das Verhältnis von Energieverbrauch zum Bruttosozialprodukt asymptotisch einem unteren Grenzwert. Das Optimum des Aufwandes an Energie insgesamt ist also zwischen dem Aufwand *vor und während* der Produktion zu finden, nicht nur in Kraftwerken oder Automotoren, sondern auch bei jeder anderen Produktionsverbesserung. Nur dadurch ist bei gleicher Produktpalette eine Energieersparnis zu erzielen. Ist der Grenzwert erreicht, dann ist entsprechend dem zweiten Hauptsatz eine Verminderung des Energieverbrauchs nur möglich bei einem Vermindern des Bruttosozialproduktes, bei einfacherem Leben also. Dieses einfache Leben hat aber der größere Teil der Menschen heute ohnehin nur zu erwarten und er kann wohl deshalb kaum weiter sparen.

Verknappung an unersetzbaren Rohstoffen erfordert zudem den energieaufwendigen Aufschluß ärmerer Lager oder höheren energetischen Aufwand bei der Rezyklierung, so daß langfristig das Verhältnis von Energieaufwand zu Bruttosozialprodukt sogar wieder steigen wird.

Anders verhält es sich dagegen mit der Verminderung des als klimagefährdend angesehenen Kohlendioxidausstoßes. Wächst der Anteil der Kernenergie und der Wasserkraft am Gesamtenergieaufkommen, dann läßt sich der Ausstoß an diesem Gas auch bei wachsendem Energieverbrauch noch weiter senken. Daraus ergibt sich:

(8.) Nur durch Kernenergie in den Industrieländern und Wasserkraft in den dafür geeigneten Regionen der Welt ist sowohl der zukünftige Energieverbrauch zu decken als auch zugleich der Schadstoffausstoß zu vermindern!

Der Mensch und die subjektive Wertsetzung

Hier rückt nun die dritte genannte Gegebenheit, die subjektive Wertsetzung des Menschen ins Blickfeld. Sie läßt sich anhand der Gossenschen Gesetze erläutern. Hermann Heinrich Gossen, ein Zeitgenosse von Mayer und Clausius, war die Bedeutung seiner Erkenntnis bewußt, beschreibt er doch in dem Vorwort zu seinem Buch: *Entwicklung der Gesetze des menschlichen Verkehrs und der daraus fließenden Regeln für menschliches Handeln* seine Überzeugung mit den Worten: „Was einem Kopernikus zur Erklärung des Zusammenseins der Welten im Raum zu leisten gelang, das glaube ich für die Erklärung des Zusammenseins der Menschen auf der Erdoberfläche zu leisten." Er rückte mit den beiden Gossenschen Gesetzen, die Ausgang der Grenznutzenschule werden sollten, den Menschen mit seinen Wünschen in den Mittelpunkt. Indem er den subjektiven Wertbegriff im menschlichen Handeln aufzeigte, ergänzte er den objektiven Wertbegriff, wie er aus dem zweiten Hauptsatz der Thermodynamik gegeben ist.

Das erste der beiden Gossenschen Gesetze sagt aus: Je mehr einer von einem Gut besitzt, desto weniger bedeutet ihm ein Vermehren dieses Besitzes. Dem entspricht naturwissenschaftlich ein Gesetz der Sinnesphysiologie, die Weber-Fechnersche Regel, wonach die Empfindung, die durch das Steigern eines Reizes bewirkt wird, nicht der additiven, sondern der prozentualen Reizsteigerung entspricht. Das zweite Gossensche Gesetz besagt, daß der Mensch die ihm verfügbaren Mittel zur Befriedigung verschiedenartiger Bedürfnisse nach seiner subjektiven Werteskala so aufzuteilen versucht, daß ihm insgesamt ein optimaler Nutzen entsteht. Das ist nach Gossens Überlegung der Fall, wenn den einzelnen Bedürfnissen als Anteil an dem gesamten Aufwand soviel zuteil wird, daß die Differentialquotienten aller zugehörigen Nutzen-Aufwand-Funktionen gleich sind. Die durch unterschiedliche Bedürfnisse der Menschen dabei entstehenden subjektiven Bewertungen sind geradezu die Ursache dafür, daß überhaupt getauscht wird, daß Handel entstehen kann. Nach Adam Smith tauscht bekanntlich kein Hund einen Knochen mit einem anderen. Die wachsende Zahl von erstrebenswerten Produkten, von echten oder vermeintlichen Bedürfnissen, verstärkt die Bedeutung des zweiten Gossenschen Gesetzes.

Im wirklichen Leben ist es jedoch nur *cum grano salis* zu verstehen, beispielsweise, um zu erläutern, daß ein Erhöhen der Benzinpreise auf mehr als 4 DM je Liter bei den Einzelnen nicht allein Folgen für ihr Autofahren hat, sondern vielmehr zu einer veränderten Aufteilung der ihnen verfügbaren Mittel führt, also nicht nur dazu, weniger mit dem Auto zu fahren, sondern zugunsten des Autofahrens andere Ausgaben einzuschränken, vielleicht in der Gesundheitsvorsorge, der Ausbildung oder aus der Kirche auszutreten, vielleicht auch weniger sichere und umweltfreundliche ältere Autos länger zu betreiben und so an Anschaffungskosten einzusparen, was an Treibstoffkosten mehr aufzuwenden ist.

Umgekehrt kann es den Anspruch von Stromkunden beispielsweise auf die Lieferung von Solarstrom rechtfertigen, wenn sie bereit sind, dafür die Kosten selber zu tragen und sie nicht der Volkswirtschaft aufzubürden. Dadurch, daß sie dann die ihnen verfügbaren Mittel entsprechend aufteilen, also wegen des teuren Stromes an anderer Stelle sparen, wird der Mehraufwand an dieser Stelle durch Minderverbrauch an anderer Stelle egalisiert.

Während diese Subjektivität der Werte und damit der Nachfrage zunächst nicht in ihrer Verbindung zu den naturwissenschaftlich-technischen Gegebenheiten und damit zu den Hauptsätzen der Thermodynamik erkennbar sein muß, wird das zweite Gossensche Gesetz in seinem Bezug zu ihnen dagegen sichtbar, wenn wir die Produzenten betrachten. Sie setzen ihre Mittel, nicht von Gefühlen, sondern von der Nachfrage bestimmt, so aufgeteilt ein, daß die Erträge aus unterschiedlichen Produkten maximiert werden. Das ist wiederum der Fall, wenn die Nutzen-Aufwand-Funktionen für die einzelnen Produkte die gleichen Differentialquotienten haben. Die Subjektivität der vielen Einzelnen wird so zu einem objektiv gegebenen Erfordernis und unterliegt nach Schumpeter fortwährender Veränderung durch den Prozeß der ‚schöpferischen Zerstörung' durch neue Produkte und neue Verfahren. Daraus folgt:

(9.) Da der Aufwand für jede Produktion ein Maß für insgesamt aufgewandte Gestaltungsenergie ist, ist bei dem Vorgehen der Produzenten nach dem zweiten Gossenschen Gesetz die geforderte Produktpalette bei insgesamt geringstem Energieaufwand zu erzeugen.

Das zweite Gossensche Gesetz kann im Sinne einer solchen Minimierung des Energieaufwandes jedoch nur wirken, wenn der Wettbewerb zur Geltung kommt, wenn also verzerrende künstliche Verknappungen vermieden werden, die durch Monopole, Oligopole, Zentralverwaltungswirtschaften oder durch lediglich ideologisch begründbare Lenkungssteuern entstehen, den nahen Verwandten der Zwangsbewirtschaftung und der Planwirtschaft. Ökosteuern führen deshalb vermutlich weder zu einer Energieersparnis noch zu dem angestrebten Ziel, die Umwelt zu schützen oder gar die Wettbewerbssituation einer Volkswirtschaft zu verbessern und Arbeitsplätze zu sichern. Sie führen zu einem Kapitalverschleiß und damit zu einem Energieverschleiß, wenn die ihnen äquivalente Gestaltungsenergie für unwirtschaftliche Lösungen gleicher Aufgaben ausgegeben wird. Sie sind deshalb auch nicht geeignet, ausländisches Kapital anzuziehen, zumal sie voraussetzen, daß sich die Menschen dem Meinungsdiktat einer Minderheit über die ‚richtige' Lebensweise, über den richtigen Einsatz der ihnen verfügbaren Mittel beugen, sich also anders verhalten, als Gossen vermutete. Nach Popper hat der Versuch, den Himmel auf Erden zu errichten, stets die Hölle beschert, in der dann zweifellos Energie verschwendet wird.

Zweifelsohne wird innerhalb des Rechtsrahmens einer gegebenen Volkswirtschaft dasjenige Unternehmen erfolgreich sein, das nach dem zweiten Gossenschen Gesetz verfährt. Aber auch innerhalb einer Vielzahl von Volkswirtschaften mit unterschiedlichen Ordnungssystemen oder gar innerhalb der Weltwirtschaft lassen sich einzelne Volkswirtschaften günstig einordnen, dann nämlich, wenn sie einerseits das nach dem Prinzip der Arbeitsteilung für sie Sinnvolle zu tun übernehmen und sich andererseits dabei wiederum nach diesem Gesetz verhalten. Sie sind dabei zweifach im Vorteil, einmal, weil sie bei solchen Aufgaben Erkenntnisse, Erfahrungen, klimatische Begünstigungen, Strukturen oder Rohstoffe, über die sie wettbewerbsmäßig günstig verfügen, einsetzen und zum anderen, weil sie das bei insgesamt geringstem Aufwand an verfügbaren Mitteln und damit an Gestaltungsenergie, also an Energie, zu tun vermögen. So würde mit den Energie- und Rohstoffvorräten dieser Erde nachhaltig schonend umgegangen, so würde der erforderliche Schutz der Umwelt bewirkt. Dieser Gedanke kann hier nur anklingen, etwa mit der Bemerkung, daß es rationalem Denken unverständlich bleiben muß, wenn bei uns für eine extensive Landwirtschaft geworben und in Brasilien der Urwald zerstört wird, um Ackerland zu gewinnen.

Die ‚schöpferische Zerstörung' erfordert ein Energiegesamtsystem

Wenden wir die bisherigen Überlegungen an, um ein Gesamtbild der zukünftigen Energieversorgung unserer Industriegesellschaft zu entwickeln, das zugleich durch Entlastung der Weltenergiemärkte auch eine Hilfe für Schwellenländer oder Länder der dritten Welt wäre, dann ergibt sich für die ‚schöpferische Zerstörung' nach dem Bild Schumpeters die Strategie für ein Energiegesamtsystem, das nachhaltig die Versorgung sichern und die Lebensfähigkeit des Biotops Erde erhalten kann, weil Gestaltungsenergie zu ihrem Schutz ausreichend verfügbar wird. Das heißt:

(10.) Die ‚schöpferische Zerstörung' Schumpeters muß die Mittel schaffen, die Zerstörung der Schöpfung zu verhindern.

Nach dieser Erkenntnis ist die Hoffnung völlig unverständlich, Wind- oder Solarstrom könnten wesentlich zur Energieversorgung beitragen. Sie werden zwar kostenfrei in der Natur angeboten, aber da sie in geringer Dichte und, weil witterungsabhängig, nicht nachfragegerecht und in der erforderlichen Qualität verfügbar sind, erzwingen sie einen hohen Kapitalaufwand, ein großes Maß an vorab aufgewandter Gestaltungsenergie, beigestellt aus den herkömmlichen Quellen der fossilen Energien oder der Kernenergie, um nachfragegerecht verfügbar zu sein. Zur Erinnerung: Es kommt doch darauf an, den insgesamt erforderlichen Energieaufwand bei einer Produktion zu vermindern, den vor und den während der Produktion. Da Elektroenergie über das ganze Jahr gebraucht wird, der Wind aber nur etwa ein Viertel dieser Zeit hinreichend bläst, ergeben sich für Wärmekraftwerke wegen ihrer höheren Ausnutzung und erfordernisgerechten Nutzungsmöglichkeit geringere Erzeugungskosten je kWh schon bei Einsatz heimischer Kohle und noch geringere bei Importkohle. Die erforderlichen Subventionen bei Windstrom betragen wegen des höheren Aufwandes bei der Errichtung dieser Anlagen und der nachfragegerechten Absicherung der Lieferung durch andere Kraftwerke bei der derzeitigen Einspeisevergütung mehr als das Doppelte der Subventionen für die heimische Steinkohle.

Bei Solarstrom liegen die Verhältnisse gegenüber der Windenergie wegen der wesentlich höheren spezifischen Investitionskosten und der gegenüber Wind noch einmal geringeren jährlichen Nutzungsdauer noch ungleich viel ungünstiger. Solarstrom ist gegenüber Kernenergie oder Strom aus Braun- oder Importkohle in der Erzeugung mindestens zwanzigfach teurer und erfordert dreißigfach höhere Subventionen als heimische Steinkohle, obwohl die Sonne kostenlos scheint, während die Kohle bezahlt werden muß. Generell ersparen Wind- und Solarstrom zudem keine Wärmekraftwerke. Die müssen vorgehalten und sogar unwirtschaftlicher im Teillastbereich betrieben werden, um bei Ausfall des Windes oder bei sich bedeckendem Himmel sofort liefern zu können.

Da ist aber auch noch ein anderer Gesichtspunkt. Wind- und Solarstrom verschlechtern sogar die Möglichkeiten, Energie zu sparen und der Umwelt zu nutzen, gegenüber der Möglichkeit, statt ihrer mit gleichem Kapitalaufwand neue Kohlekraftwerke zu bauen. Ausgang dieser Überlegung ist, daß Kapital, vorab aufgewandte Gestaltungsenergie, immer nur einmal ausgegeben werden kann. Da die Entwicklung der Wärmekraftwerke gegenüber den heute noch betriebenen 30 Jahre und älteren Anlagen nicht stehen geblieben ist, würden neue Wärmekraftwerke gegenüber alten heute etwa 20% weniger Kohle je Kilowattstunde verbrauchen und zudem unabhängig von Wind- oder Sonnenschein als gesicherte Leistung nachfragegerecht verfügbar sein.

Auf Windstrom bezogen bedeutet das: Windkraftwerke erbringen gegenüber neuen Kohlekraftwerken, die bei gleichem Kapitalaufwand vorhandene alte Kohlekraftwerke ersetzen, keine Verminderung des Ausstoßes von Kohlendioxid. Die Verminderung dieses Ausstoßes wäre dagegen bei gleichem Kapitalaufwand in neue Kraftwerke auf der Brennstoffbasis Erdgas oder Kernenergie groß.

Solarstrom wird sogar gegenüber gleich großen Investitionen in neue Kohlekraftwerke wegen deren gegenüber alten Anlagen besserer Wirkungsgrade auch noch (bezogen auf die durch das BMWi veröffentlichten sehr günstigen Angaben für Solarstrom) eine mindestens fünfzehnfach größere Einsparung an Brennstoff und eine entsprechende Verminderung von Schadstoffen *verhindern!* Bezogen auf die gleichen Investitionen in ein Kernkraftwerk anstatt in Solarkraftwerke wird sogar durch Solarstrom etwa das Vierzigfache an Verminderung des Kohlendioxidausstoßes *verhindert!* Solarstrom ist wegen des hohen Kapital- und damit vorherigen Energieaufwandes nicht als *additive* Energie, sondern als *subtraktive* Energie zu bezeichnen. Diese regenerative Energie zehrt sogar unsere Reserven an fossiler Energie verfrüht auf, ohne der Umwelt zu nutzen. Bei gleichen Investitionen in neue Kraftwerke anstatt in alternative Energien würde der Park von Wärmekraftwerken kontinuierlich erneuert und gegenüber neuen Anlagen im Ausland wettbewerbsfähig bleiben. Ein bei der geforderten Öffnung der Märkte wichtiger Gesichtspunkt. Diese neuen Kraftwerke sind zudem an den Standorten vorhandener Anlagen zu errichten, erfordern also keine neuen Standorte, keine neuen aufwendigen Netzeinbindungen. Da zudem die übrige Welt dem deutschen Weg in das Solarzeitalter nicht folgen, sondern statt dessen weiterhin wirtschaftlich sehr viel vorteilhaftere Kraftwerke auf der Basis fossiler Energien oder der Kernenergie errichten wird, gefährdet der Solarstrom in hohem Maß Wettbewerbsfähigkeit und Arbeitsplätze bei uns.

Da die Solaranlagen zu Energiekosten heutiger ‚fossiler' Energie errichtet werden, wieviel teurer wären sie zudem, wenn sie mit Strom aus Solaranlagen erstellt werden müßten? Wieviel aufwendiger werden sie zusätzlich, wenn eine allgemeine Energiesteuer auf die herkömmlichen Energien ihre Herstellung noch verteuert? Wir sprechen vom ökologischen Umbau der Wirtschaft und meinen ökonomische Grundsätze hintanstellen zu können. Ökologischer Umbau ist jedoch nur dann möglich, wenn wir Gestaltungsenergie in ihren Anteilen *vor und während* jeder Produktion so einsetzen, daß optimale Erträge erzielt werden. Das ist bei den alternativen Energien nicht der Fall. Für sie gilt nicht, daß vor der Produktion aufgewandte Gestaltungsenergie eine spätere darüber hinausgehende Energieersparnis bewirkt.

Die vorab aufzuwendende Gestaltungsenergie ist bei regenerativen Energien besonders groß, da die gegenüber herkömmlichen Anlagen überhöhten Erzeugungskosten weit überwiegend aus Kapitalkosten bestehen und dieses Kapital fehlt dann an anderen Stellen. Daraus folgt:

(11.) Alternative Energien wie Wind- oder Solarstrom bewirken gegenüber mit gleichem Kapitalaufwand errichteten neuen Wärmekraftwerken das Gegenteil des Beabsichtigten, nämlich Energievergeudung und Umweltschädigung.

Energievergeudung heißt aber auch, Verminderung von Wettbewerbsfähigkeit und Verlust von Arbeitsplätzen. Die Behauptung, Wind- und Solarstrom schafften Arbeitsplätze, muß doch wohl auch an der Frage gespiegelt werden, wieviel Arbeitsplätze sie dadurch vernichten, daß das für ihre Einrichtung erforderliche Kapital (Gestaltungsenergie) fehlgeleitet wird, wichtige Entwicklungen auf dem Energiesektor unterbleiben und zu hohe Energiepreise die Wettbewerbsfähigkeit schmälern.

Öl und Erdgas decken heute etwa zwei Drittel des Weltenergiemarktes. Die OPEC-Länder beliefern ihn zur Zeit weit unterproportional zu ihren Ressourcen, ihr Anteil an den Vorräten steigt somit Jahr um Jahr, so daß sie kurz nach der Jahrhundertwende vermutlich über etwa 90% der auf der Welt vorhandenen Ölreserven, aber auch über große Erdgasmengen verfügen. Können daraus wirtschaftliche Instabilitäten bis hin zu Verteilungskriegen entstehen? Wie muß eine Strategie aussehen, bei der rechtzeitig ein Umsteuern zur Entlastung knapper werdender Ressourcen mit Hilfe wirksamer heutiger Technik in Angriff genommen wird? Außerhalb des Nahen Ostens gibt es in Nordamerika, der früheren Sowjetunion und in Venezuela große Lager an Ölschiefern und Teersanden. Aus ihnen Öl zu gewinnen, erfordert einen hohen vorherigen Energieaufwand. Würde er durch Kernenergie mengenmäßig und umweltfreundlich gedeckt, dann würde gewissermaßen Öl aus Kernenergie gewonnen.

Öl und Erdgas werden zweifellos in den vor uns liegenden Generationen ihre herausragende Bedeutung behalten und das um so mehr, je besser wir darauf vorbereitet sind, sie durch Kohle und Kernenergie abzustützen, je eher wir eine Strategie zur Wirkung bringen, die Öl und Erdgas für *die* Anwendungszwecke schont, in denen sie sobald nicht zu ersetzen sind.

Dazu sind alle verfügbaren Energien, die fossilen Energien, die Wasserkraft und die Kernenergie in einem sie miteinander verknüpfenden Energiegesamtsystem zu betrachten.

Kohle und Kernenergie haben zusammen und umweltfreundlich Produkte der Synthesegaschemie zu erzeugen. Sie werden aber auch gemeinsam über die Kohlevergasung und die nachfolgende Konversion Wasserstoff in den großen Mengen gewinnen müssen, die für die Düngemittelproduktion und auch sonst in der Chemie erforderlich sind. Wir sollten auch nicht übersehen, daß die Automobilindustrie eine unserer Leitindustrien ist. Das allein rechtfertigt die Ausbildung eines Konzeptes, das den Treibstoffsektor rechtzeitig weniger vom Weltölmarkt abhängig macht und zwar nicht nur durch die Entwicklung von Fahrzeugen mit geringerem Treibstoffverbrauch und von Elektroautos, sondern auch durch Treibstofferzeugung aus Kohle und Kernenergie, aber auch, indem wir mit Kapital nicht Verkehrsberuhigung betreiben, sondern energiesparende Verkehrserleichterung bewirken. Daraus folgt:

(12.) Die Formel für die Sicherung der Energieversorgung der Industriegesellschaften heißt nach wie vor ‚Kohle und Kernenergie', auch damit für die Entwicklungsländer mehr von den mit geringerem Kapital hantierbaren Energien übrig bleibt.

In Nordrhein-Westfalen befand sich noch vor wenigen Jahren eine Bündelung von Wissen und Erfahrung in der Energietechnik, wie sie nirgendwo auf der Welt wiederzufinden ist: Modernste Braun- und Steinkohlebergwerke, fortschrittliche Wärmekraftwerke, langjährige Erfahrung in der Kohlechemie auch zur Gas-, Treibstoff- und Düngemittelerzeugung, einschlägige Forschungseinrichtungen mit internationalem Ansehen u.v.m. Hier gab es die Standorte des Brutreaktors und des Hochtemperaturreaktors, wobei letzterer das Potential birgt, Hochtemperaturwärme für die schadstoffärmere und wirtschaftlichere Veredelung der Kohle und darüber hinaus in der Chemie und Stahlindustrie zu liefern. Diese Bündelung von Anwendungstechnik wurde durch die zugehörigen Lieferindustrien, vom Anlagenbau bis zur Herstellung von Turbinen und Dampferzeugern flankiert. Durch dieses technische Potential könnten sich die Öl- und Erdgasvorräte sinnvoll strecken und zugleich die aus den vorhandenen Ressourcen zwangsläufige Rückkehr der Kohle als weltweiter Primärenergieträger Nr. 1 in der ersten Hälfte des nächsten Jahrhunderts vorbereiten lassen.

Wir hören heute oftmals Klagen über die zu teure deutsche Kohle und ihre unzulässige weitere Subvention. Der Begriff der Subvention scheint mir bei ihr jedoch im Gegensatz zu den überzogenen Subventionen bei Wind- und Solarstrom nicht berechtigt. Wenn Kohle in wenigen Jahrzehnten weltweit wieder eine herausragende Rolle spielen wird, dann gilt es, angesichts der Tatsache, daß der Weltkohlemarkt größenordnungsmäßig ein Zehntel des Weltölmarktes beträgt, festzustellen, welche Rolle die deutsche Kohle zukünftig wieder spielen muß, welche der getätigten Investitionen zu schützen sind, welches Verhältnis von heimischer Kohle zu Kohleimporten eingestellt werden soll und welche Forschungen und welche Entwicklungen weiter zu betreiben sind.

Die Stromerzeugung wäre im übrigen weitgehend auch ohne fossile Energien, wie die Kohle, durch die Kernenergie zu sichern, wie es beispielsweise bei unserem zukünftigen Mitbewerber auf dem europäischen Strommarkt Frankreich geschieht. Aber aus Kohle kann man schließlich weit mehr machen, als nur Strom. Es geht um die Weiterentwicklung des beschriebenen großen Aufgabenbereichs, der der Kohle zukünftig wieder zufallen wird. Wenn heimische Kohle heute in der Stromerzeugung eingesetzt wird, dann in erster Linie, um ihr mit einer sinnvollen Verwendung solange ersatzweise einen Markt zu bieten, bis sie für eine ganz andere Produktpalette wieder gebraucht wird.

Deutschland war zudem in der Vergangenheit einer der herausragenden Exporteure von Wärmekraft- und Stromverteilungsanlagen, von Lieferungen in einen Markt, dessen weltweites jährliches Volumen 200 Milliarden Mark weit übersteigen dürfte. Tausende von hochwertigen Arbeitsplätzen stehen auf dem Spiel, wenn wir unseren Vorsprung in der Technik von Wärmekraftwerken verlieren, weil bei uns entsprechende Investitionen blockiert werden und unsere Kraftwerke überaltern. Garzweiler ist in diesem Zusammenhang nicht allein zu erwähnen.

(13.) Es gilt für die heimische Steinkohle festzustellen, wo die Grenze liegt zwischen unzumutbaren Subventionen und notwendigen Zukunftsinvestitionen.

Diese Erläuterungen ließen sich in bezug auf das Thema der Heizwärmeversorgung fortsetzen. Eine Betrachtung über Koppelproduktionen wäre angebracht, wollen wir Energie sparen und zugleich die Umwelt schützen. Warum verbrennen wir wertvolles Öl und Erdgas zu Heizzwecken und rezyklieren Kunststoffe, um minderwertige Produkte zu erzeugen, anstatt sie nach ihrer Nutzung zu verbrennen und aus dem im Wärmemarkt so gesparten Öl und Erdgas wertvolle neue Kunststoffe herzustellen? Warum sammeln wir Altpapier und lassen die Forstwirtschaft wegen des unverkäuflichen Schwachholzes notleidend werden, anstatt dieses Holz zur Papiererzeugung einzusetzen und danach als Altpapier in der Müllverbrennung als regenerative Energie zu nutzen? Warum leisten wir uns das teuerste und energetisch wie umweltverträglich nutzlose Müllsammelsystem, anstatt den Müll zu verbrennen und damit energetisch zu nutzen? Wir sprechen von Kreislaufwirtschaft und drücken damit wohl unbewußt aus, daß wir damit die Umkehrung des Wirtschaftskreislaufs meinen, ohne wahr haben zu wollen, daß nach dem zweiten Hauptsatz der Thermodynamik jede Umkehr eines Prozesses Gestaltungsenergie und damit Energie erfordert, je gründlicher rezykliert wird, desto mehr. Warum sehen wir in der Kraft-Wärme-Kopplung mit der kapitalaufwendigen Fernwärmeverteilung allein und nicht in ihrer sinnvollen Verbindung mit der elektrisch betriebenen Wärmepumpe den förderungswürdigen Ansatz, Energie zu sparen und umweltfreundlich zu handeln? Nutzt die Wärmepumpe doch Umweltwärme und ist wegen der vorhandenen Stromnetze überall einsetzbar.

Es ist innerhalb eines solchen Vortrags nicht Raum genug, alle Ungereimtheiten aufzuzählen, die im Gegensatz zu dem mit ihnen postulierten Anspruch nicht nutzen, sondern schaden. Auch dadurch schaden, daß wir auf dem Energiesektor durch zusätzliche Steuern und andere Einschränkungen wie endlose Genehmigungsverfahren, überzogene Einspeisevergütungen usw. dauerhaft ein Hochpreisland werden, so wie wir es jetzt schon zum Leidwesen der Arbeitslosen auf dem Lohnsektor sind?

In Deutschland scheint die Diskussion der Energiefrage in ganz besonderem Maß auf dem Kopf zu stehen mit hohen Selbstverpflichtungen zum Umweltschutz und Hoffnungen auf die Wirksamkeit alternativer Energien bei gleichzeitiger Ablehnung der Kernenergie. Gelingt es uns nicht, diese Diskussion wieder auf die Füße zu stellen, dann werden wir das nicht nur mit Nachteilen für unsere Volkswirtschaft und unseren Arbeitsmarkt und mit Einbußen bei unseren Hilfsmöglichkeiten für andere bezahlen müssen, sondern mitveratwortlich werden, daß das Ziel des rechtzeitigen Umsteuerns und damit die Nachhaltigkeit weltweit nicht erreicht wird. Wir werden aber auch mitschuldig werden daran, daß wir ein hohes technologisches Potential nicht weitergepflegt und vergrößert haben, sondern einer Utopie nachgelaufen sind und damit den nachfolgenden Generationen die Zukunft in einer nachhaltig intakten Umwelt verbaut haben. Muß bei vorausschauendem Handeln für die Bürger von Demokratien nicht besonders gelten, daß das Maß der Urteilsfähigkeit bestimmt, was der Mensch aus freiem Willen entscheiden kann? Im übrigen ist er nur Mittel für die Zwecke anderer. Deshalb:

(14.) Wenn wir eine Kommission zur Technikfolgenabschätzung brauchen, dann brauchen wir der Symmetrie wegen auch eine Kommission zur Ideologiefolgenabschätzung!

Der Vortrag folgt:
Klaus Knizia, Schöpferische Zerstörung = zerstörte Schöpfung? – Die Industriegesellschaft und die Diskussion der Energiefrage. 2. Auflage, 447 S., Sep. 1997, Verlag VGB-Kraftwerkstechnik, Klinkestr., 45136 Essen
Klaus Knizia, Kreativität, Energie und Entropie-Gedanken gegen den Zeitgeist. 1992, 360 S., Econ-Verlag GmbH, Düsseldorf, Wien, New York und Moskau

Veröffentlichungen
der Nordrhein-Westfälischen Akademie der Wissenschaften

Neuerscheinungen 1990 bis 1998

Vorträge N *Heft Nr.*		NATUR-, INGENIEUR- UND WIRTSCHAFTSWISSENSCHAFTEN
384	*Sigrid Peyerimhoff, Bonn*	Theoretische Untersuchung kleiner Moleküle in angeregten Elektronenzuständen
	Siegfried Matern, Aachen	Konkremente im menschlichen Organismus: Aspekte zur Bildung und Therapie
385	*Parlamentarisches Kolloquium*	Wissenschaft und Politik – Molekulargenetik und Gentechnik in Grundlagenforschung, Medizin und Industrie
386	*Bernd Höfflinger, Stuttgart*	Neuere Entwicklungen der Silizium-Mikroelektronik
387	*János Kertész, Köln*	Tröpfchenmodelle des Flüssig-Gas-Übergangs und ihre Computer-Simulation
388	*Erhard Hornbogen, Bochum*	Legierungen mit Formgedächtnis
389	*Otto D. Creutzfeld; Göttingen*	Die wissenschaftliche Erforschung des Gehirns: Das Ganze und seine Teile
390	*Friedhelm Stangenberg, Bochum*	Qualitätssicherung und Dauerhaftigkeit von Stahlbetonbauwerken
391	*Helmut Domke, Aachen*	Aktive Tragwerke
392	*Sir John Eccles, Contra*	Neurobiology of Cognitive Learning
393	*Klaus Kirchgässner, Stuttgart*	Struktur nichtlinearer Wellen – ein Modell für den Übergang zum Chaos
394	*Hermann Josef Roth, Tübingen*	Das Phänomen der Symmetrie in Natur- und Arzneistoffen
	Rudolf K. Thauer, Marburg	Warum Methan in der Atmosphäre ansteigt. Die Rolle von Archaebakterien
395	*Guy Ourisson, Straßburg*	Die Hopanoide
	Werner Schreyer, Bochum	Ultra-Hochdruckmetamorphose von Gesteinen als Resultat von tiefer Versenkung kontinentaler Erdkruste
396	*Gottfried Bombach, Basel*	Zyklen im Ablauf des Wirtschaftsprozesses – Mythos und Realität
	Knut Bleicher, St Gallen	Unternehmungsverfassung und Spitzenorganisation in internationaler Sicht
397	*Jean-Michel Grandmont, Paris*	Expectations Driven Nonlinear Business Cycles
	Martin Weber, Kiel	Ambiguitätseffekte in experimentellen Märkten
398	*Alfred Pühler, Bielefeld*	Bakterien-Pflanzen-Interaktion: Analyse des Signalaustausches zwischen den Symbiosepartnern bei der Ausbildung von Luzerneknöllchen
399	*Horst Kleinkauf, Berlin*	Enzymatische Synthese biologisch aktiver Antibiotikapeptide und immunologisch suppressiver Cyclosporinderivate
	Helmut Sies, Düsseldorf	Reaktive Sauerstoffspezies: Prooxidantien und Antioxidantien in Biologie und Medizin
400	*Herbert Gleiter, Saarbrücken*	Nanostrukturierte Materialien
	Hans Lüth, Jülich	Halbleiterheterostrukturen: Große Möglichkeiten für die Mikroelektronik und die Grundlagenforschung
401	*Gerhard Heimann, Aachen*	Medikamentöse Therapie im Kindesalter
	Egon Macher, Münster/Westf.	Die Haut als immunologisch aktives Organ
402	*Konstantin-Alexander Hossmann, Köln*	Mechanismen der ischämischen Hirnschädigung
	Herrmann M. Bolt, Dortmund	Zur Voraussagbarkeit toxikologischer Wirkungen: Kanzerogenität von Alkenen
403	*Volker Weidemann, Kiel*	Endstadien der Sternentwicklung
	Alfred Müller, Erlangen	Quantenmechanische Rotationsanregungen in Kristallen
404	*Matthias Kreck, Mainz*	Positive Krümmung und Topologie
405	*Benno Parthier, Halle*	Problemfelder der zusammengefügten deutschen Wissenschaftslandschaft
	Erhard Hornbogen, Bochum	Kreislauf der Werkstoffe
406	*Hubert Markl, Konstanz, Berlin*	Wissenschaftliche Eliten und wissenschaftliche Verantwortung in der industriellen Massengesellschaft

407	*Joachim Trümper, Garching*	Was der Röntgensatellit ROSAT entdeckte
	Dietrich Neumann, Köln	Ökologische Probleme im Rheinstrom
408	*Wilfried Werner, Bonn*	Recycling biogener Siedlungsabfälle in der Landwirtschaft
409	*Holger W. Jannasch, Woods Hole MA*	Neuartige Lebensformen an den Thermalquellen der Tiefsee
410	*Hartmut Zabel, Bochum*	Epitaxielle Schichten: Neue Strukturen und Phasenübergänge
	Eckart Kneller, Bochum	Der Austauschfeder-Magnet: Ein neues Materialprinzip für Permanentmagnete
411	*Brigitte M. Jockusch, Braunschweig*	Architekturelemente tierischer Zellen
412	*Alfred Fettweis, Bochum*	Numerische Integration partieller Differentialgleichungen mit Hilfe diskreter passiver dynamischer Systeme
413	*Ernst, Bayer, Tübingen*	Theorie und Praxis der Niedertemperaturkonvertierung zur Rezyklisierung von Abfällen
	Hansjörg Sinn, Hamburg	Wertstoff- und Energie-Rückgewinnung aus hochkalorigen Abfallstoffen wie Altreifen und Kunststoff-Schrott
414	*Wolfgang Priester, Bonn*	Über den Ursprung des Universums: Das Problem der Singularität
415	*Wilhelm Stoffel, Köln*	Serendipity: Eine neue Glutamat-Neurotransmitter-Transporter-Familie und ihre pathogenetische Bedeutung
416	*Dieter Richter, Jülich*	Viskoelastizität und mikroskopische Bewegung in dichten Polymersystemen
417	*Hans Mohr, Freiburg*	Waldschäden in Mitteleuropa – was steckt dahinter?
418	*Matthias Mertmann, Bochum*	Greifmechanismus aus neuen Verbundwerkstoffen mit Zweiweg-Formgedächtnis
	Wolfgang Gärtner, Mülheim a. d. Ruhr	Die Funktion biologischer photosensorischer Pigmente
419	*Fritz Vögtle, Bonn*	Neue Catenane und Rotaxane in der Supramolekularen Chemie
	Andreas Stork, Jülich	Windkanalanlage zur Bestimmung der gasförmigen Verluste von Umweltchemikalien aus dem System Boden/Pflanze unter feldnahen Bedingungen
	Heinrich Ostendarp, Aachen	Entwicklung neuer Bildaufzeichnungs- und Auswertungstechniken für die holografische Interferometrie
420	*Martin Jansen, Bonn*	Wege zu Festkörpern jenseits der thermodynamischen Stabilität
421	*Hans-Werner Sinn, München*	Volkswirtschaftliche Probleme der Deutschen Vereinigung
422	*Konrad Sandhoff, Bonn*	Glykolipide der Zelloberfläche und die Pathobiochemie der Zelle
423	*Hanns Weiss, Düsseldorf*	Die mitochondrialen Atmungsketten-Komplexe: Funktion und Fehlfunktion bei neurodegenerativen Erkrankungen
424	*Klaus Hahlbrock, Köln*	Krankheitsresistenz bei Pflanzen. Von der Grundlagenforschung zu modernen Züchtungsmethoden
425	*Wolfgang Krätschmer, Heidelberg*	Fullerene und Fullerite – neue Formen des Kohlenstoffs
	Manfred Thumm, Karlsruhe	Gyrotrons – Moderne Quellen für Millimeterwellen höchster Leistung
426	*Hans Elsässer, Heidelberg*	Neue Wege und Ziele astronomischer Forschung
427	*Manfred T. Reetz, Mülheim an der Ruhr*	Größenselektive Synthese von Nanostrukturierten Metall-Clustern
	Heinz Mehlhorn, Düsseldorf	Parasiten: Ihre Bedeutung heute
428	*Günter Spur, Berlin*	Innovation, Arbeit und Umwelt – Leitbilder künftiger industrieller Produktion
	Rainer Jaenicke, Regensburg	Strukturbildung und Stabilität von Eiweißmolekülen
429	*Ulrich Dilthey, Aachen*	Technischer Einsatz von Personal Computern (PC) am Beispiel der Schweißtechnik
	Helmuth Steinmetz, Düsseldorf	Zerebrale Links-Rechts-Asymmetrie: Struktur, Funktion, Entstehung
	Alois Fürstner, Mülheim an der Ruhr	Metallaktivierung am Beispiel Titan: Von den morphologischen Grundlagen zu Anwendungen in der Wirkstoffsynthese
430	*Hartwig Höcker, Aachen*	Implantatwerkstoffe – Versuche zur Erzielung von Biokompatibilität
	Rolf Chini, Bochum	Die Bildung von Planeten in zirkumstellaren Scheiben
431	*Dietrich Uebing, Stuttgart*	Sicherheitstechnik, Umweltschutz und Ressourcenschonung
	Wolfgang Mathis, Wuppertal	Die begrifflichen Grundlagen der Netzwerk- und Systemtheorie
432	*Jörg Baetge, Münster*	Empirische Methoden zur Früherkennung von Unternehmenskrisen
433	*Klaus Knizia, Herdecke*	Schöpferische Zerstörung = zerstörte Schöpfung? Die Industriegesellschaft und die Diskussion der Energiefrage

ABHANDLUNGEN

Band Nr.		
72	*(Sammelband)*	Studien zur Ethnogenese
	Wilhelm E. Mühlmann	Ethnogonie und Ethnogonese
	Walther Heissig	Ethnische Gruppenbildung in Zentralasien im Licht mündlicher und schriftlicher Überlieferung
	Karl J. Narr	Kulturelle Vereinheitlichung und sprachliche Zersplitterung: Ein Beispiel aus dem Südwesten der Vereinigten Staaten
	Harald von Petrikovits	Fragen der Ethnogenese aus der Sicht der römischen Archäologie
	Jürgen Untermann	Ursprache und historische Realität. Der Beitrag der Indogermanistik zu Fragen der Ethnogenese
	Ernst Risch	Die Ausbildung des Griechischen im 2. Jahrtausend v. Chr.
	Werner Conze	Ethnogenese und Nationsbildung – Ostmitteleuropa als Beispiel
75	*Herbert Lepper, Aachen*	Die Einheit der Wissenschaften: Der gescheiterte Versuch der Gründung einer „Rheinisch-Westfälischen Akademie der Wissenschaften“ in den Jahren 1907 bis 1910
76	*Werner H. Hauss, Münster* *Robert W. Wissler, Chicago* *Jörg Grünwald, Münster*	Fourth Münster International Arteriosclerosis Symposium: Recent Advances in Arteriosclerosis Research
77	*Elmar Edel, Bonn*	Die ägyptisch-hethitische Korrespondenz (2 Bände)
78	*(Sammelband)*	Studien zur Ethnogenese, Band 2
	Rüdiger Schott	Die Ethnogenese von Völkern in Afrika
	Siegfried Herrmann	Israels Frühgeschichte im Spannungsfeld neuer Hypothesen
	Jaroslav Šašel	Der Ostalpenbereich zwischen 550 und 650 n. Chr.
	András Róna-Tas	Ethnogenese und Staatsgründung. Die türkische Komponente bei der Ethnogenese des Ungartums
	Register zu den Bänden 1 (Abh 72) und 2 (Abh 78)	
79	*Hans-Joachim Klimkeit, Bonn*	Hymnen und Gebete der Religion des Lichts. Iranische und türkische Texte der Manichäer Zentralasiens
80	*Friedrich Scholz, Münster*	Die Literaturen des Baltikums. Ihre Entstehung und Entwicklung
81	*Walter Mettmann, Münster (Hrsg.)*	Alfonso de Valladolid, *Ofrenda de Zelos* und *Libro de la Ley*
82	*Werner H. Hauss, Münster* *Robert W. Wissler, Chicago* *H.-J. Bauch, Münster*	Fifth Münster International Arteriosclerosis Symposium: Modern Aspects of the Pathogenesis of Arteriosclerosis
83	*Karin Metzler, Frank Simon, Bochum*	Ariana et Athanasiana. Studien zur Überlieferung und zu philologischen Problemen der Werke des Athanasius von Alexandrien.
84	*Siegfried Reiter / Rudolf Kassel, Köln*	Friedrich August Wolf. Ein Leben in Briefen. Ergänzungsband, I: Die Texte; II: Die Erläuterungen
85	*Walther Heissig, Bonn*	Heldenmärchen versus Heldenepos? Strukturelle Fragen zur Entwicklung altaischer Heldenmärchen
86	*Hans Rothe, Bonn*	*Die Schlucht.* Ivan Gontscharov und der „Realismus“ nach Turgenev und vor Dostojevski (1849–1869)
87	*Werner H. Hauss, Münster* *Robert W. Wissler; Chicago* *H.-J. Bauch, Münster*	Sixth Münster International Arteriosclerosis Symposium: New Aspects of Metabolismn and Behaviour of Mesenchymal Cells during the Pathogenesis of Arteriosclerosis
88	*Peter Zieme, Berlin*	Religion und Gesellschaft im Uigurischen Königreich von Qočo
89	*Karl H. Menges, Wien*	Drei Schamanengesänge der Ewenki-Tungusen Nord-Sibiriens
90	*Christel Butterweck, Halle*	Athanasius von Alexandrien: Bibliographie
91	*T. Čertorickaja, Moskau*	Vorläufiger Katalog Kirchenslavischer Homilien des beweglichen Jahreszyklus
92	*Walter Mettmann, Münster (Hrsg.)*	Alfonso de Valladolid, *Mostrador de Justicia*
93	*Werner H. Hauss, Münster* *Robert W. Wissler, Chicago* *Hans-Joachim Bauch, Münster (Eds.)*	Seventh Münster International Arteriosclerosis Symposium: New Pathogenic Aspects of Arteriosclerosis Emphasizing Transplantation Atheroarteritis
94	*Helga Giersiepen, Bonn* *Raymund Kottje, Bonn (Hrsg.)*	Inschriften bis 1300. Probleme und Aufgaben ihrer Erforschung
95	*Walther Heissig, Bonn (Hrsg.)*	Formen und Funktion mündlicher Tradition
97	*Rudolf Schieffer, München (Hrsg.)*	Schriftkultur und Reichsverwaltung unter den Karolingern
98/99	*Hans Rothe, Bonn* *E. M. Vereščagin, Moskau (Hrsg.)*	Gottesdienstmenäum für den Monat Dezember, Teil 1/Teil 2

Sonderreihe PAPYROLOGICA COLONIENSIA

Vol. VII	Kölner Papyri (P. Köln)
Bärbel Kramer und Robert Hübner (Bearb.), Köln	Band 1
Bärbel Kramer und Dieter Hagedorn (Bearb.), Köln	Band 2
Bärbel Kramer, Michael Erler, Dieter Hagedorn und Robert Hübner (Bearb.), Köln	Band 3
Bärbel Kramer, Cornelia Römer und Dieter Hagedorn (Bearb.), Köln	Band 4
Michael Gronewald, Bärbel Kramer, Klaus Maresch, Maryline Parca und Cornelia Römer (Bearb.)	Band 6
Michael Gronewald, Klaus Maresch (Bearb.), Köln	Band 7
Michael Gronewald, Klaus Maresch, Cornelia Römer (Bearb.), Köln	Band 8
Vol. IX	Kölner ägyptische Papyri (P. Köln ägypt.)
Dieter Kurth, Heinz-Josef Thissen und Manfred Weber (Bearb.), Köln	Band 1
Vol. XI:	Katalog der Bithynischen Münzen der Sammlung des Instituts für Altertumskunde der Universität zu Köln
Wolfram Weiser, Köln	Band 1: Nikaia. Mit einer Untersuchung der Prägesysteme und Gegenstempel
Thomas Corsten, Köln	Band 2: Könige, Commune Bithyniae, Städte (außer Nikaia)
Vol. XIV: *Ludwig Koenen, Ann Arbor Cornelia Römer (Bearb.), Köln*	Der Kölner Mani-Kodex. Über das Werden seines Leibes. Kritische Edition mit Übersetzung.
Vol. XV: *Jaakko Frösen, Helsinki/Athen Dieter Hagedorn, Heidelberg (Bearb.)*	Die verkohlten Papyri aus Bubastos (P. Bub.) Band 1
Vol. XVI: *Robert W. Daniel, Köln Franco Maltomini, Pisa (Bearb.)*	Supplementum Magicum Band 1 und Band 2
Vol. XVII: *Reinhold Merkelbach, Maria Totti (Bearb.), Köln*	Abrasax. Ausgewählte Papyri religiösen und magischen Inhalts Band 1 und Band 2: Gebete Band 3: Zwei griechisch-ägyptische Weihezeremonien Band 4: Exorzismen und jüdisch/christlich beeinflußte Texte
Vol. XVIII: *Klaus Maresch, Köln Zola M. Packmann, Pietermaritzburg, Natal (eds.)*	Papyri from the Washington University Collection, St. Louis, Missouri
Vol. XIX: *Robert W. Daniel, Köln (ed.)*	Two Greek Papyri in the National Museum of Antiquities in Leiden
Vol. XX: *Erika Zwierlein-Diehl, Bonn (Bearb.)*	Magische Amulette und andere Gemmen des Instituts für Altertumskunde der Universität zu Köln
Vol. XXI: *Klaus Maresch, Köln*	Nomisma und Nomismatia. Beiträge zur Geldgeschichte Ägyptens im 6. Jahrhundert n. Chr.
Vol. XXII: *Roy Kotansky, Santa Monica, Calif.*	Greek Magical Amulets. The Inscribed Gold, Silver, Copper, and Bronze Lamellae Part 1: Published Texts of Known Provenance
Vol. XXIII: *Wolfram Weiser, Köln*	Katalog ptolemäischer Bronzemünzen der Sammlung des Instituts für Altertumskunde der Universität zu Köln
Vol. XXIV: *Cornelia Eva Römer, Köln*	Manis frühe Missionsreisen nach der Kölner Manibiographie
Vol. XXV: *Klaus Maresch, Köln*	Bronze und Silber. Papyrologische Beiträge zur Geschichte der Währung im ptolemäischen und römischen Ägypten
Vol. XXVI: *William H. Willis, Duke University, Klaus Maresch, Köln (Bearb.)*	The archive of Ammon Scholasticus of Panopolis (P. Ammon) Vol. 1: The legacy of Harpocration

GPSR Compliance
The European Union's (EU) General Product Safety Regulation (GPSR) is a set of rules that requires consumer products to be safe and our obligations to ensure this.

If you have any concerns about our products, you can contact us on

ProductSafety@springernature.com

In case Publisher is established outside the EU, the EU authorized representative is:

Springer Nature Customer Service Center GmbH
Europaplatz 3
69115 Heidelberg, Germany

www.ingramccntent.com/pod-product-compliance
Lightning Source LLC
LaVergne TN
LVHW082055051026
849532LV00011B/3597
* 9 7 8 3 5 3 1 0 8 4 3 3 6 *